AF338781

PRÉCIS HISTORIQUE

DE LA DYNASTIE

DES BENOU-DJELLAB,

PRINCES DE TUGGURT.

Par M. CHERBONNEAU,
professeur d'arabe à la chaire de Constantine.

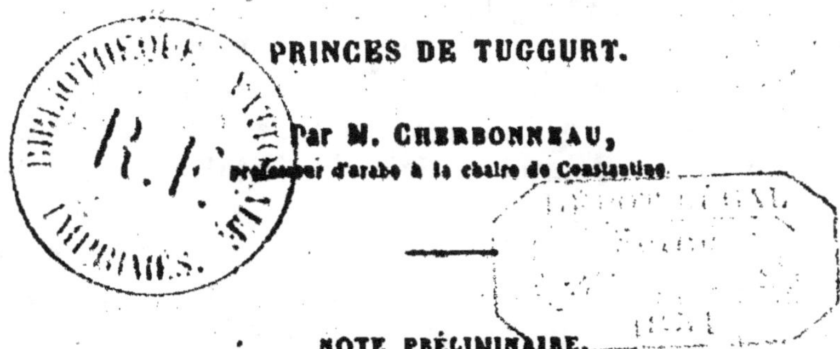

NOTE PRÉLIMINAIRE.

Tuggurt, que l'on peut considérer comme le marché central des produits du Sahara (1), a été exploré récemment par plusieurs voyageurs. Mais les relations qui en ont été publiées ne contiennent presque aucun document sur l'histoire du pays. Les unes ont été rédigées au point de vue de la géographie, d'autres dans le but de faire connaître les avantages présumés du commerce avec le désert.

Un savant orientaliste, déjà connu par plusieurs publications destinées à faciliter et à répandre l'enseignement de la langue arabe, et par de nombreux articles dans le recueil de la Société Asiatique ou dans les journaux de l'Algérie, a entrepris de combler cette lacune de nos connaissances historiques.

(1) Cf. l'intéressant opuscule du général Marey, *Expédition de Laghouat*, Alger, 1845, pag. 178.

1851

1

Nul ne pouvait le faire avec plus d'autorité et ne s'y trouvait mieux préparé. Quatre ans de séjour à Constantine, où il est chargé d'initier nos compatriotes à la connaissance de la langue arabe et les Arabes à l'intelligence de la nôtre, ont fait de M. Aug. Cherbonneau un des hommes les plus profondément versés dans l'idiome arabe magrébin, en même temps qu'ils lui ont créé les plus utiles relations avec les fonctionnaires militaires ou civils, attachés à la direction des affaires arabes, ou avec les indigènes instruits. Il en a déjà tiré un grand parti, au profit de l'histoire et de la lexicographie algériennes, auxquelles il est appelé à rendre encore de plus importants services.

L'occupation de Biskara par nos troupes, en 1844, nous a ouvert la route de Tuggurt, située à 76 lieues et à six étapes de la première ville. L'oasis de Tuggurt commence à 39 lieues de Biskara. Elle se compose de 35 villages, entourés d'une double haie de palmiers, que les Arabes appellent métaphoriquement une rivière, Oued (Ouady) : la rivière des Rouagha ou Rouagra, du nom de ses habitants, Oued Righ ou Rigr (1).

Les gens de la principauté de Tuggurt viennent chercher tous les ans leurs grains dans le Tell, et donnent en échange leurs dattes, leurs tapis et leurs étoffes (2). Les Oulad-Moulat, tribu guerrière, for-

----

(1) Voyez le *Sahara Algérien*, par M. le lieut.-colonel Daumas, Paris, 1845, p. 11 et 121 et suiv. D'après M. Marius Garcin, Tuggurt n'est qu'à 58 lieues de Biskara, par la route qu'a suivie ce voyageur, ou à 49 lieues par la route directe.

(2) Cf. ce passage de Léon l'Africain, dans l'article qu'il a consacré à Tégort : Et quoniam summa est his dactylorum copia, frumenti vero ingens penuria, Constantinæ mercatores apud hos frumentum dactylis commutant: *Africæ descriptio*, liber VI, Antverpiæ, 1556, fol. 240, v°. — En langue berbère le mot *Tigguert*

ic

ment la *deïra* (garde) des princes de Tuggurt. Elle jouit à ce titre de plusieurs grands priviléges, entre autres, celui d'être appelée à sanctionner l'élection des souverains.

L'origine des Benou-Djellab (telle est le nom de la famille royale à Tuggurt) ne se perd point dans l'ombre de la légende et peut-être de la fable, comme le dit M. le général Daumas, dans son curieux ouvrage sur le Sahara algérien (1). On lit dans l'histoire de Tunis, par el Hadj-Hamouda ben Abd-el-Aziz, fol. 35 v°, ligne 17 (2), que les Benou-Djellab sont les derniers descendants de la famille des Mérinides, *min Bakaï' Beni-Mérin*, etc. ; qu'ils régnèrent sur les populations de l'Oued Righ, à l'exception de Témacîn, qui était gouverné par un cheikh indépendant.

On lit dans l'*Histoire des Berbers* d'Ibn-Khaldoun (3) : En 739 de l'Hégire (de J. C. 1338), Ibn-el-Hakim, *caïd* ou général en chef des armées du sultan Abou-Iahia le Hafsite (4), pénétra dans le pays de l'Oued-Rigr, s'empara de Tuggurt, qui en est la capitale, et pilla les trésors et les magasins de

signifie une *pièce de terre*, comme *car* en hebreu (Cf. *agros* et *ager*). C'est le féminin du mot *iguer*.

(1) Page 128.

(2) Je dois ce renseignement, ainsi que plusieurs de ceux qui suivent, à M. Cherbonneau — El-Aïachi atteste aussi que les princes de Tuggurt tirent leur origine des Beni-Mérin. Voy. *Exploration scientifique de l'Algérie*; t. IX, p. 62.

(3) Texte arabe, publié par M. Mac Guckin de Slane, t. I, p. 534, l. 8.

(4) Ce prince régnait à Tunis; il mourut en 747 (1346). Sa vie, extraite de la Farésiade, d'El-Khatib ben Konfoud, a été récemment publiée par M. Cherbonneau, avec une traduction et des notes. Voy. *Journal Asiatique*, janvier 1851. p. 51-84; et Cf. la Notice de M. Reinaud sur les Abou Hafs de Tunis, *apud* Champollion Figeac, *Chartes inédites en dialecte catalan ou en arabe*, p. 44.

l'État (1). Après cette victoire, le caïd pénétra dans les montagnes de l'Aurès (Aurasius mons), et en soumit presque toutes les tribus aux lois de son maître.

Sous le gouvernement des Turcs, le cheikh de Tuggurt payait au bey de Constantine, par l'entremise du caïd de Biskara, une redevance que l'on a beaucoup exagérée dans plusieurs récits. Le cheikh actuel, qui est un jeune homme de 20 à 22 ans, nommé Abd-errahman bou Lifa, a payé l'impôt à M. le duc d'Aumale et en a reçu le bernous d'investiture.

Le document que nous publions ici est emprunté à diverses sources. M. Cherbonneau le doit en partie à deux notes assez considérables qui lui ont été apportées de Tuggurt, en 1847, par M. de Chevarrier, touriste distingué (2), et en partie à un chapitre de la Chronique de Haddj Hamouda-ben-Abd-el-Aziz. L'expédition de Salah-Bey lui a été racontée par un vieillard qui avait exercé les fonctions de *khaznadar* ou trésorier, auprès de ce prince; celle du bey Ahmed el-Mamlouk lui a été rapportée par le Moufti hanéfite Mohammed-ben-Feth-Allah, qui en avait

(1) Cf. ces paroles de Léon l'Africain : Primo Maroccorum regi paruerunt, deinde Telensino, nunc tandem Tunetano subjecti sunt regno, cui singulis annis quinquaginta millium aureorum enumerant tributum, ea tamen conditione, ut Rex ipse tributa receptum veniat. — L'historien espagnol Diego de Hædo a raconté avec détail l'expédition que le septième pacha d'Alger, Salah-Reïs entreprit contre Ticarte (Tuggurt), dont le roi avait refusé de continuer à payer tribu. Cf. Berbrugger, dans l'*Exploration scientifique de l'Algérie*: t. IX, p. 46, 47, note, et p. 63, 64, note. On peut encore consulter sur Tuggurt l'intéressant opuscule du Haddji Ibn-Eddin el Aghouati, *apud* D'Avezac, *Études de géographie critique sur une partie de l'Afrique septentrionale*, p. 15-16.

(2) C'est à ce même voyageur que MM. Daumas et Fabar ont dû l'intéressant article qu'ils ont consacré à Kuelaa, dans leur ouvrage sur la *Grande Kabylie*, Paris, 1847, p. 405-411

fait partie. Enfin, il a puisé quelques détails, mais en les rectifiant par la tradition, dans la relation du voyage de M. Marius Garcin (1).

La géographie devra bientôt, il nous est permis de l'espérer, une nouvelle relation de Tuggurt et des autres oasis méridionales du Sahara algérien, à un savant voyageur, qui vient de les parcourir tout récemment. Je veux parler de M. Adr. Berbrugger, conservateur de la Bibliothèque et du Musée d'Alger. Ce hardi voyageur était à Kouïnine dans l'Oued-souf, à la date du 28 novembre 1850. Il a eu beaucoup à souffrir entre Nefta du Bilad-el-Djérid et Kouïnine. Dans la crainte d'être rencontré par la tribu insoumise des Némemchas, qui fuyait devant une colonne française arrivée à Tébessa, il a été obligé de rester à cheval pendant 28 heures, sans prendre ni repos ni nourriture. Mais un dédommagement l'attendait à la première étape de cette fuite rapide. Il obtint d'un cheikh des Troud, nation guerrière et pillarde, le manuscrit qui contient l'histoire de son pays. Ce livre, ajoute-t-il, a été composé de mémoire et inspiré par la lecture du livre d'el-Adouâni, que nous ne possédons pas encore.

D'après une lettre de M. Cherbonneau, en date du 22 février, M. Berbrugger a quitté Tuggurt le 25 janvier. Il était à Témacin le lendemain, et plusieurs jours après il assistait au mariage du cheikh de cette ville avec Lella Iamina, sœur d'Abd-errah-

(1) M. Marius Garcin a visité Tuggurt, dans des vues commerciales, au mois de janvier 1847. Sa relation a été insérée dans le feuilleton d'un journal de Constantine, depuis le 30 avril jusqu'au 30 décembre 1848. Tuggurt a été également exploré à la fin de novembre 1847, par M. Prax, chargé d'une mission par les ministres de la guerre et du commerce. Voy. l'*Almanach de l'Algérie pour* 1849, par M. O. Maccarty. p 159-163 ; et la *Revue de l'Orient et de l'Algérie*, N° de Juin 1848, p 392, 393 et N° de septembre de la même année, p. 129-138.

màn, prince de Tuggurt. Il raconte que, malgré l'inimitié qui existe depuis près de deux siècles entre ces deux villes (Cf. el Aïachi, *loco laudato*, p. 49, 61 et 62), ces alliances sont fort communes; il ajoute que, se voyant en présence le jour de la fête, les Témacinois et les Tuggurtins commençaient à se montrer les dents. Heureusement, on s'en est tenu à la poudre d'artifice (1)

(1) On lisait dans l'*Akbar* d'Alger du 28 mars dernier :

« Nous recevons une lettre de notre ami M. Berbrugger. A l'époque du 7 février, il se trouvait à un lieu qu'on nomme *Hadjira*, et qui est situé entre Souf et Ngoussa (600 kilomètres au sud d'Alger).

» Notre voyageur venait enfin de recevoir l'avis des dispositions peu bienveillantes prises à son égard par le ministère de l'instruction publique. Mais l'ordre de retourner à son poste de bibliothécaire ne lui était parvenu que juste un mois après que le délai qu'on lui fixait était expiré. Nous ne pouvons, au surplus, rien faire de mieux que de donner connaissance de ce passage de la lettre de M. Berbrugger :

» Heureusement la vie que je mène depuis plusieurs mois
» m'a bien préparé au rôle d'homme sans place; j'ai été trop sou-
» vent aux prises avec les privations, pour n'avoir pas appris à
» les supporter avec résignation. Je sais par expérience qu'il faut
» à peine cinq sous par jour pour nourrir un chrétien d'un appé-
» tit médiocre comme le mien; je sais que non-seulement on
» peut bien dîner sans nappe, mais aussi sans serviette, sans
» table, sans fourchette, sans chaise, sans pain, sans viande,
» quelquefois même sans rien. Je sais encore que sur la paille
» on peut dormir, et que la paille est un luxe exorbitant pour
» celui qui dort sur la terre nue. »

» Peu de jours après celui où il a écrit cette lettre, M. Berbrugger devait se rendre à *Ouergla*. Nous ignorons l'itinéraire qu'il devait suivre. Le pays était peu sûr; notre autorité y est encore de trop fraîche date pour que nous ayons pu obliger ces tribus à renoncer au brigandage et aux violences qui leur sont habituels. Nous supposons toutefois que M. Berbrugger sera rentré à Alger vers la fin d'avril. »

Le 1er mars 1851.

C. DEFRÉMERY.

I.

Le premier qui fonda la dynastie des Ben-Djellab, fut le cheikh Soliman. Lorsqu'il parvint au pouvoir, l'anarchie régnait dans les oasis de son commandement. Les marchés, destinés à l'échange pacifique des denrées et des produits de l'industrie, étaient devenus de véritables champs de bataille où l'on assouvissait les haines de tribu à tribu, de village à village, de famille à famille. A peine se passait-il un jour sans que la poudre parlât. Par suite de l'insubordination des sujets, le trésor et les magasins de dattes, qui sont la partie la plus importante du trésor, avaient cessé de se remplir. Il fallait un bras ferme pour rétablir la sécurité et la richesse. Le cheikh Soliman, descendant de l'illustre dynastie des Beni-Mérin ou Mérinites, vint pacifier Tuggurt. Connaissant aussi bien les ressources du pays que sa constitution politique, il appela autour de lui les hommes les plus populaires des principales oasis, notamment les marabouts, et les combla de faveurs. Dans le pays des musulmans il est difficile d'innover. Le cheikh Soliman se sentit assez fort pour ne pas modifier la forme du gouvernement. La *Djema'a* était l'assemblée où les princes puisaient, en quelque sorte, leurs inspirations; il la conserva. C'était être le maître que d'avoir le droit d'en nommer les membres.

Une deïra de cinq cents cavaliers choisis et équipés à ses frais forma le noyau de l'armée, avec laquelle il parcourut ses États en tous sens, châtiant les rebelles, apaisant les haines et rétablissant les impôts sur des bases solides.

Enfin, le maître des mondes, voulant le rappeler au séjour de la béatitude éternelle, mit la cause de sa mort dans la main d'une femme de Sidi Khaled, nommée Omm-el-Hâni-bent-el-Bey. Ses arrêts sont impénétrables. C'est lui qui marque l'instant.

Le cheikh Soliman avait demandé en mariage la fille d'Omm-el-Hâni, issue d'une famille célèbre de marabouts. Suivant l'usage, il se rendit avec ses principaux serviteurs au pays de sa fiancée. Mais la femme maudite l'attendait avec une troupe de gens ligués pour sa perte. A l'heure de l'*acha* (prière de la nuit), lorsque le festin était commencé, les conspirateurs apostés dans les jardins environnants envahirent la salle et massacrèrent le cheikh. Omm-el-Hâni frappa, dit-on, le premier coup. Les restes de ce prince reposent aujourd'hui sous les dalles de la mosquée de Sidi Khélil.

II.

Son successeur fut le cheikh Mohammed-ben-Soliman. Il ne régna pas longtemps. Les Oulad-Moulat, dont il avait méconnu les priviléges, s'insurgèrent contre lui. Sachant que cette tribu redoutable ne menaçait jamais en vain, il voulut réparer sa faute; mais il était trop tard. L'étincelle de la révolte s'était propagée avec une rapidité

effrayante chez les Selmïa, marchands de nègres,
chez les Rahman, fantassins aguerris, et chez les
Bou-Azid, tribu qui pour être composée de marabouts, n'en est pas moins célèbre par sa bravoure.
Cependant son khalifa, Akçás-ben-Nâcer, lui con-
seilla de prendre l'initiative contre les révoltés,
avant qu'ils n'eussent eu le temps d'assiéger Tuggurt.
Le cheikh Mohammed-ben-Soliman laissa une faible garnison dans la capitale, et se mit en campagne
avec sa deïra. A trois milles de l'ancienne Mégarin,
qui est le marché de Souf et de Tuggurt, il fut as-
sailli par un nombre considérable de cavaliers. La
lutte fut aussi sanglante qu'inattendue. A deux re-
prises le nègre du cheikh, le géant Meçaoud, lui
sauva la vie, une fois en tuant d'un coup de yatagan
un cavalier qui le couchait en joue, et l'autre fois
en abattant le poignet d'un Saharien qui saisissait
l'étrier du prince. La fusillade redoubla. Enfin Mohammed-ben-Soliman tomba dans la mêlée, frappé
d'une balle en pleine poitrine.

III.

L'autorité souveraine fut conférée par le parti
vainqueur au cheikh Mohammed-el-Akhal. Homme
faible et de peu d'esprit, il se laissa dominer par la
Djéma'a. Dès qu'il se sentit à peu près débarrassé
du fardeau des affaires publiques, il s'adonna au
plaisir. Un juif lui apportait de Tunis des liqueurs
du pays chrétien. Quoiqu'il eût quatre femmes lé-
gitimes, la Casba était peuplée des plus belles filles

de Rambara, d'Aoussa et de Borno, que lui ven-
daient les gens de Souf. Enfin une révolte éclata
dans les oasis de sa principauté et dura une année
entière. Le cheikh Mohammed-el-Akhal ayant été
assassiné dans la chambre de Lella Zemima, sa fa-
vorite, fut décapité. Sa tête resta près de deux jours
suspendue au-dessus de Bab-el-Khaukha (la porte
du Pêcher), qui est la principale entrée de la ville.

IV.

Son frère El-Akhal lui succéda. Aucune vengeance ne fut exercée. Il régna sans guerroyer. Plus
heureux que ses prédécesseurs, il mourut de la
mort de Dieu. L'histoire n'a recueilli de son gouvernement qu'une particularité digne de mémoire.
Afin de prouver sa soumission au bey de Constantine, il porta lui-même à Biskara la *lezma*, impôt annuel, malgré les conseils de son khalifa et du
cheikh de Nezla. Ses restes furent déposés dans la
zaouïa de Sidi-Abd-es-Selam, dont il avait fait res-
taurer la chapelle.

V.

La tranquillité commençait à renaître dans les
oasis de Tuggurt. Ibrahim fut proclamé cheikh à la
mort d'El-Akhal. Après un règne de quelques années, il remit l'autorité souveraine entre les mains
de ses deux fils, Abd-el-Kader et Ahmed, et partit
pour la terre de Hedjaz, dans l'intention de se sanc-
tifier par la visite du tombeau de notre seigneur

Mahomet, sur lui soient le salut et la prière ! Mais les deux jeunes princes ne firent qu'un court séjour dans la capitale. Forcés bientôt de quitter le pays par l'apparition d'un prétendant dont le départ de leur père semblait valider les droits, ils s'enfuirent dans le Belad-el-Djerid, avec leur famille et leurs serviteurs les plus dévoués.

VI.

Le cheikh Khaled, fils du cheikh.... revint à Tuggurt sans rencontrer la moindre résistance. Indépendamment des partisans qu'il comptait dans la capitale, il s'appuyait sur l'alliance des Oulad Moulat, dans la tribu desquels il avait choisi une épouse. Il ne lui fut donc pas difficile de s'emparer de l'autorité. Quelque temps après son avénement, il parcourut les principales oasis de ses États, en commençant par le Sud. Il passa par Témacin dont le cheikh lui fit une réception solennelle, et lui paya, moitié en nature, moitié en argent, la redevance annuelle. De Temacin il se rendit à Beled-Tamer, village fortifié, et arriva à Ouargla, qui fut le terme de son voyage et de sa vie,

VII.

Bien qu'éloigné de sa patrie, le cheikh Abd-el-Kader, fils d'Ibrahim Ben Djellab, n'avait pas renoncé à ses droits. L'ancien ministre de son père, destitué par l'usurpateur, entretenait avec lui des intelligences secrètes, et travaillait avec un zèle infatigable l'esprit de la population de Tuggurt. L'absence du cheikh Khaled lui offrit une occasion favorable. Il envoya un émissaire au prince exilé et facilita son retour. En 1137 (de J.-C. 1724), le cheikh Abd-el-Kader fit son entrée dans la capitale, un jour avant la mort de Khaled. Les portes de la Casba s'ouvrirent devant son cortége. Une réunion solennelle de la Djéma'a lui donna l'investiture et prêta entre ses mains le serment d'obéissance. C'est à ce prince qu'on attribue la restauration de la porte principale de la Casba, haute de vingt déra'a (coudées), doublée en fer artistement travaillé et ornée de dessins formés avec des clous à tête large et ronde. Nos grands pères, qui vécurent de son temps, racontent que ce prince était d'une taille si élevée, qu'on l'avait surnommé *Bou-Kameteïn*, celui qui est grand comme deux hommes. Il était d'un caractère méfiant. Tous les soirs il se faisait remettre les clefs de la ville et celles de la Casba, et les gardait près de son lit. Son règne, qui dura sept ans, n'offre d'intérêt que par l'absence de troubles intérieurs. Il laissa cinq enfants mâles, dont les plus connus sont le cheikh Omar et le cheikh Djellab, tous deux fils d'Es-Souaïa, et le cheikh Amrân, qu'il avait eu de Chouikha, fille du cheikh Amrân.

VIII.

Cependant l'autorité souveraine revint à son frère Ahmed ben Ibrahim ben Djellab. Le règne de ce prince commença en l'année 1144 (de J.-C. 1731) et dura neuf ans, sans que fût altérée la bonne intelligence qui existait entre lui et les Beys de Constantine, Husseïn bou-Koumïa et Husseïn bou Hanek. Au bout de ce temps, une intrigue de famille amena la chute d'Ahmed. Il fut expulsé de ses États par son cousin Omar ben Djellab, et se sauva dans le Zab Tunisien, où il rencontra Abou-Aziz, le redoutable cheikh des Hanenchas (1). Plusieurs tribus, telles que les Oulad-Moulat, les Selmïa et les Touroud, lui étaient restées fidèles. Elles avaient émigré avec lui. Il intéressa Abou-Aziz à sa cause, en lui promettant, s'il voulait le ramener à Tuggurt par la force des armes, de lui donner cinquante mille réaux *bacétas*, deux cents chamelles, quatre cents haïks (couverture de laine) et six cents charges de dattes. La proposition fut acceptée : mais Bou-Aziz, soit qu'il n'eût pas assez de confiance eu ses propres forces, soit qu'il ne voulût pas assumer à lui seul la responsabilité de cette expédition, s'empressa d'écrire au bey de Tunis, et trouva de bonnes raisons pour le décider à prendre le commandement des troupes alliées.

L'armée s'avançait dans le désert et commençait à entrer sur le territoire de l'Oued-Righr. Le cheikh Omar, averti à temps, pensa qu'il n'avait pas d'autre moyen d'affermir sa puissance et de légitimer son usurpation, que de recourir à la protection du chef

(1) Le sultan Boisis (Bou-Aziz) ben Nazer de Peyssonnel. *Voyages dans les régences de Tunis et d'Alger*, t. I, p. 292-296 et 344, 345, 349, 358.　　　　　　　　　　　　　C. D.

des Hanenchas. Il n'y avait pas de temps à perdre. Attendre, c'était faire tourner l'expédition au profit du prince dépossédé. Il envoya son oncle Ferhat ben Djerada, cheikh des Beni Ali, au-devant d'Abou Aziz, avec la mission de lui offrir une somme plus considérable que celle qui lui avait été promise par le cheikh Ahmed, s'il consentait à exterminer les Oulad-Moulat. Dans la politique musulmane les plus grosses sommes commandent la sympathie. Ainsi l'on vit les armes préparées pour la vengeance de l'opprimé, passer du côté de l'usurpateur. Pour prix de leur dévouement, les tribus émigrées furent châtiées et massacrées en partie. Tandis que Bou Aziz, traître à la foi jurée, pénétrait dans les murs de Tuggurt et recevait l'or et l'ovation si facilement gagnés, l'infortuné Ahmed, privé de l'espoir de recouvrer ses États, allait cacher sa honte à Amâss, où il termina sa carrière, laissant quatre enfants mâles, dont deux furent mis à mort par le cheikh Omar. Dieu permit que les deux autres échappassent à sa cruauté. Le cheikh Mohammed-el-Akhdar s'enfuit avec sa mère à Ghadamès ou Rhadamès ; quant à son frère Mohammed Mâhçâss, il fut envoyé en exil par ses deux oncles, fils de Soula ou, comme il est dit plus haut, Es-Souaïa.

IX.

On était en l'année 1153 (de J.-C. 1740). Maître enfin du pouvoir qu'il avait fait légitimer par les troupes coalisées de Tunis et des Hanenchas, le cheikh Omar crut avoir conquis le repos pour long-temps. Il régna, en effet, dix-sept ans, sans avoir de démêlés avec les puissances étrangères, ni de fac-tions dans l'intérieur de ses États. Mais l'année 1170 (de J.-C. 1756) fut signalée par une révolte. Ses deux frères Ali-Bâss et Ahmed prirent les armes contre lui et s'avancèrent jusqu'à Sidi Khâled. Omar voulut conserver par la ruse une autorité qu'il avait acquise par la force. Il envoya son khalifat au camp des deux princes et leur fit promettre l'*amân*, s'ils rentraient dans le devoir. La paix ayant étéacceptée, Ali-Bâss et Ahmed vinrent sans défiance à la ren-contre du cheikh Omar, et s'arrêtèrent à un endroit qu'on appelle Chouchet-es-Salatin, près de l'oasis d'El-Açour Mais, au moment où descendus de cheval, ils s'approchaient du sultan pour lui baiser la main en signe de soumission, les nègres de la garde se jetèrent sur eux et les égorgèrent traîtreu-sement sous les yeux de leur frère. On voit encore leurs tombeaux dans la mosquée de Sidi-Meçaoud, à l'ancienne Mégarin, petit village situé à quatre lieues de Tuggurt. Ce fut le dernier acte du cheikh Omar avant sa mort, qui arriva la même année.

X.

Le cheikh Mohammed ben Djellab succéda à Omar, en l'année 1170 (de J.-C. 1756). Ahmed-El-Kli recevait à la même époque le caftan de l'investi-ture à Constantine. Les quatre années du règne de

Mohammed s'écoulèrent sans événement sérieux. Il quitta ses états pour accomplir le pélerinage de la Mecque. C'était un usage répandu chez les princes de Tuggurt.

XI.

Un acte solennel déposé par le cheikh Mohammed entre les mains de la Djema'a , l'an 1174 (de J.-C. 1760) institua son fils Amran gouverneur intérimaire de la principauté de l'Oued-Rigr. Neuf mois après, des troubles survenus dans le pays de Souf menacèrent la liberté du commerce et la tranquillité publique. Le cheikh laissa son khalifa dans la Casba de Tuggurt, avec une forte garnison, et pénétra à marches forcées dans le territoire de Souf. Arrivé à El-Oued, qui en est la capitale, il tomba malade. Les progrès du mal furent si rapides, qu'il n'eut pas le temps de faire des dispositions en faveur de son fils unique, Tâher. On était dans la saison des fièvres, si dangereuses même pour les indigènes. Tâher ne survécut que quelques jours à son père. Il mourut à Souf, laissant un fils en bas âge, nommé Ibrahim.

XII.

Tandis que l'armée expéditionnaire , privée de ses chefs, commençait à se démoraliser, les guerriers de Souf, enhardis par la circonstance, harcelaient le camp nuit et jour. Sur ces entrefaites, le cheikh Mohammed revint du Hedjaz. La fortune

de Tuggurt était revenue avec lui. C'était peu pour
ce prince de retablir la paix dans le désert. Il con-
sacra les cinq dernières années de son règne à amé-
liorer le sort de ses sujets, d'un côté en affermissant
la justice, de l'autre en allégeant les impôts. Afin
de prévenir les crimes de violence et de meurtre qui
se renouvelaient avec une fréquence déplorable, il
substitua la peine de mort à la *dia* ou amende au
profit de la victime ou de sa famille. J'ai même entendu dire à un vieillard, qui tenait le fait de son
propre père, que le cheikh Mohammed, avant de li-
vrer les condamnés au bourreau, les faisait agenouil-
ler devant lui et leur traçait une incision sous la gorge
avec son yatagan.

XIII.

Le cheikh Mohammed ayant acquitté sa dette en-
vers le Seigneur, le premier jour de l'année 1179
(de J.-C. 1765), son fils lui succéda. Ce prince n'a-
vait que sept mois à vivre; il ne fit que passer sur
le trône.

XIV.

Omar ben Djellab devint sultan des oasis de Tuggurt dans les derniers jours du mois de cha'aban
de l'année 1179 (de J.-C. 1765). Son règne ne dura
que cinq mois. Il eut cependant des désordres à ré-
primer chez les Selmia et les Rahman, dont plusieurs fractions possèdent à titre de propriété un
grand nombre de palmiers au nord de l'Oued-Djédi,
et vont surveiller la récolte pendant l'automne.

Après avoir équipé une armée composée en grande partie de cavaliers, il quitta la Casba, pour n'y plus rentrer. Ce fut à Sidi-Khaled, village situé près des Ouled-Djellal, qu'il mourut de maladie, sans avoir eu le temps de faire sentir aux rebelles la force de ses armes. Il laissait trois fils, le cheikh Ahmed, le cheikh Abd-el-Kader et le cheikh Ferhat.

XV.

L'aîné de ses fils, qui était le cheikh Ahmed-ben-Djellab, fut son successeur. En 1180 (de J.-C. 1766) il prit en main le gouvernement, et sut par une sage administration ramener la tranquillité. On ne vit plus sous son règne les populations épuisées par la guerre et par tous les malheurs qu'elle entraîne, émigrer loin du territoire de Tuggurt. Et comme si les intrigues des grands étaient le plus cruel fléau d'un État, le cheikh Ahmed frappa sans pitié les fonctionnaires du Makhzen, convaincus d'avoir voulu substituer leurs intérêts à ceux des sujets. Cependant, au milieu des préoccupations de la politique, il n'oubliait pas ses devoirs de religion. Le saint pélerinage était le but de ses désirs. Il se rendit à la Mecque, où la mort vint le frapper. Il laissa quatre fils, savoir : Mohammed, Ibrahim, Abd-errahman et Ali. Le second fut rappelé par Dieu sous le règne de son frère aîné Mohammed, en 1221 (de J.-C. 1806). Le dernier mourut à la fleur de l'âge, pendant le gouvernement trop court du cheikh Ibrahim, en l'année 1207 (de J.-C. 1792).

XVI.

Le cheikh Abd-el-Kader, deuxième fils du sultan Omar, avait reçu le commaadement des mains de son frère, lorsqu'il partit pour la terre du Hedjaz. En 1190 (de J.-C. 1776) il fut salué cheikh des Oasis. Salah-bey régnait alors à Constantine, et se contentait difficilement du tribut dérisoire que lui payait Tuggurt. Ce n'était pas l'envie qui lui manquait de changer cet état de choses, puisqu'il y songea sérieusement plus tard, quand il fut sûr de réussir; mais la distance, le climat et la difficulté de mener de l'artillerie à travers les sables du désert, peut-être aussi les affaires souvent compliquées de la province, le forcèrent de retarder une expédition d'autant plus glorieuse, qu'avant lui aucun bey de Constantine n'avait osé l'entreprendre. L'histoire n'a recueilli aucun fait important sur le cheikh Abd-el-Kader pendant les six années de son règne. Il mourut sans postérité, vers la fin de l'année 1197 (de J.-C. 1782).

XVII.

Le jour de sa mort fut celui de l'avénement de son frère Ferhat. De fréquentes négociations furent entamées par Salah-bey avec ce prince, au sujet de l'impôt : mais on n'arrivait point à un arrangement raisonnable. La principauté de l'Oued-Rigr avait défié tous les beys de Constantine. Elle crut pouvoir se moquer des menaces de Salah-bey. Il ne vint pas à l'idée du cheikh Ferhat que pendant la saison d'hiver le désert serait parcouru aisément par l'armée turque. Cependant vers la fin d'octobre de l'année 1204 (de J.-C. 1788), l'impôt de Tolga, Bou-Chagroun, Zaatcha et autres oasis, avait été versé entre les mains du khalifat, à Lichâna. Le moment parut favorable à Salah-bey. Il vint prendre le commandement des troupes, près de l'Oued-Djédi, et s'avança avec quelques pièces d'artillerie jusqu'aux environs de Sidi-Khelil, malgré une neige épaisse, qui faillit l'engloutir. L'année 1204 est désignée par les gens du pays sous le nom de *âm et-tseldj*, l'année de la neige.

Pour ne pas épuiser ses forces le long de la route, le bey se contenta de châtier une seule oasis et marqua la place du châtiment par un monceau de ruines. Le dix-huitième jour, il planta ses tentes en vue de la capitale, que protégeait un fossé profond et rempli d'eau. Les canonniers établirent leurs batteries sur des esplanades construites en troncs de palmier, et ouvrirent le feu contre la porte dite Bab-El-Khadera (1), celle de Sidi abd es-Selam, et le quartier El-Tellis, où est située la Casba. Pendant ce temps-là, une partie des soldats abattaient à coups de hache les arbres qui constituent la richesse du pays. Le siége dura plusieurs semaines. Salah-bey avait juré de ne pas lever son camp avant

(1) Au lieu de Bab-el-Khadera (la Porte-verte), M. Prax écrit Bab-el-Khoukha (la Porte du Pêcher). Voy. l'*Almanach de l'Algérie* pour 1849, p. 160.   C. D.

d'avoir détruit Tuggurt de fond en comble. La poudre et les munitions ne lui manquaient pas. Sa volonté était une volonté de fer. Il fallut donc que le cheikh Ferhat comprît la situation. Un drapeau blanc, signe de soumission, fut hissé au haut de la mosquée appelée Djama-el-Malekia. A cette vue le bey fit cesser le feu et attendit les propositions de l'ennemi. Il fut convenu que l'Oued-Rigr payerait les frais de la guerre, et verserait entre les mains des Turcs un impôt de trois cent mille réaux *bacetas* (1). Tel fut le résultat d'une révolte qu'avaient amenée la faiblesse et la pusillanimité des prédécesseurs de Salah-bey. Mais Ferhat ben Djellab ne devait pas jouir longtemps du repos. Ses sujets l'accusèrent d'avoir épuisé le pays par une lutte insensée contre le gouvernement de Constantine. Après tout, la contribution de guerre avait été payée par les grands et par les propriétaires de palmiers. Les gens de Souf levèrent l'étendard de la révolte. Ferhat lança contre eux sa cavalerie : mais il mourut à El-Oued, laissant un fils nommé le cheilh El-Khâzen. Son règne avait duré dix ans.

(1) Le *rial baceta* est une monnaie de compte, valant 2 fr. 50 c. Le récit que M. Cherbonneau donne ici, d'après un témoin oculaire, du siége de Tuggurt par Salah-Bey, diffère sensiblement de celui que l'on trouve dans l'ouvrage de M. le général Daumas (p. 133, 134). D'après ce dernier, Salah bey prit Tuggurt d'assaut, après un siége de six mois. Il paraît d'ailleurs avoir confondu la cause de cette expédition de Salah-bey avec celle qui amena, cinquante ans auparavant, la prise d'armes d'Abou-Aziz, cheikh des Hanenchas (Voy. ci-dessus. p. 269, 270).

C. D.

XVIII.

En 1207 (de J.-C. 1792) le cheikh Ibrahim prit les rênes du gouvernement. Ce prince débonnaire n'eut pas la force de se maintenir plus d'une année sur le trône. Une conspiration de la Djéma'a ayant éclaté contre lui pendant une nuit, il fut obligé, pour échapper à la mort, de se sauver par la porte de la Casba, en escaladant le fossé avec une dizaine de cavaliers dévoués. On n'entendit plus parler de lui.

XIX.

L'élu de la Djéma'a fut le cheikh Ibrahim-el-hadj-ben Gâna. Sa dévotion, poussée jusqu'au fanatisme, lui fit exercer quelques persécutions contre les ouvriers juifs établis dans le quartier occidental de la ville, que l'on appelle Medjaria. Vers la fin de l'année 1209 (de J.-C. 1794), c'est-à-dire, après douze mois environ de règne, il conduisit à la Mekke la caravane des pèlerins.

XX.

Son neveu Ali-ben-Kaïdoum, qu'il avait fait dépositaire du commandement pendant son absence, oublia la foi jurée et força la Djema'a à le reconnaître comme sultan de l'Oued-Rigr. Un vendredi, vers l'heure de midi, lorsqu'il se rendait à la mosquée principale avec son escorte d'honneur, musique en tête, un marabout des Selmïa se précipita au-devant de son cheval, et l'ayant arrêté, osa adresser au sul-

tan des reproches sévères sur sa conduite : « Fils de
l'impiété et de la trahison, lui cria-t-il, tu goûteras
bientôt l'amertume de ton forfait. L'épée du commandement, que tu as usurpée, se retournera contre ta poitrine. Souviens-toi que notre Seigneur
Mahomet a dit : La porte de l'injustice est la porte
de la mort. » A ces mots, Ali-ben-Kaïdoum poussa
son cheval contre le marabout et l'écrasa. Quelques
mois s'étaient à peine écoulés, que le cheikh Ibrahim
reparut dans ses États. Il n'eut pas à lutter long-
temps contre un prince, qui n'avait eu que le cou-
rage de profiter de son absence. Dédaignant une
vengeance facile, il le laissa fuir et n'eut plus d'autre pensée que de relever et d'affermir l'autorité.
Son règne dura douze années.

XXI.

Vers la fin de l'année 1220 (de J.-C. 1805), le
cheikh El-Khâzen, fils du cheikh Ferhat, pénétra
les armes à la main dans les États de Tuggurt, et se
montra devant la capitale avec des goums nombreux.
Comme il n'en voulait point à la personne d'Ibrahim, et que son ambition n'avait pour objet que le
trône qui avait appartenu à son père, il fit offrir au
sultan la vie sauve et une escorte, s'il consentait à
abdiquer. Pour toute réponse, Ibrahim se sauva à
Sidi Khaled. C'était peu pour El-Khâzen d'être en
possession de l'autorité, il voulut faire bénir son
entrée. Dans ce but, il offrit à la principale mosquée
de Tuggurt des livres saints et, entre autres, un

magnifique exemplaire d'El-Bokhari (1), qui avait été payé deux cents réaux à Tunis. En outre, il créa des avantages pour les thalebs et les marabouts, auxquels il supposait quelque influence dans le pays. Mais il était dans la destinée de l'Oued Rigr de ne pas jouir d'un gouvernement stable. La proie revenait au plus hardi. Il y avait si peu d'union entre les oasis de la principauté, que rien ne paraissait plus aisé que de s'y former un parti. L'aîné des fils du cheikh Ahmed ben Djellab, encouragé par ses frères et par quelques grandes familles, d'autant plus dévouées à sa cause que, depuis la mort de son père, elles avaient été dépouillées de leurs priviléges, entraîna la redoutable tribu des Oulad Moulat, prit la Casba et fit étrangler le cheikh El-Khâzen, en présence de ses serviteurs. En même temps, il déclarait ennemi de l'État quiconque manifesterait des regrets en faveur du défunt.

XXII.

Le règne d'El-Khâzen avait à peine duré une année. Mohammed, fils d'Ahmed ben Djellab, plus heureux que sa victime, jouit paisiblement et sans éclat de l'autorité pendant seize années. Mais la dix-septième fut signalée par un événement dont je trouve le récit dans l'histoire d'Ahmed-bey-el-Mamlouk, bey de Constantine. « En 1236 (de J.-C.

(1) Abou-abd-allah Mohammed, plus connu sous le nom d'el-Bokhari, a compilé un vaste recueil de traditions mahométanes, intitulé *al-Djami's sahih* (la collection véridique).　　　C. D.

1821), un jeune seigneur de la puissante famille de
Bou Akkâz, nommé Ferhat ben Saïd, se présenta
sans escorte au palais d'Ahmed-el-Mamelouk, à
Constantine. Il annonça au bey que l'amitié des
tribus de l'Oued lui permettait de faire valoir ses
prétentions au gouvernement de Tuggurt; que cependant il n'oserait rien entreprendre sans avoir
obtenu son alliance; qu'il venait lui offrir 50,000 *bacétas* pour un coup de main. A cette époque, le
khalifat du Sahra était Abd allah Khodja, et les
Arabes nomades avaient pour cheikh l'oncle pater-
nel de Ferhat ben Saïd. Ahmed-el-Mamelouk écri-
vit à ces deux chefs, qui achevaient à Lichâna la
perception de l'impôt, de partir sans délai avec
Ferhat. Déjà ils avaient traversé l'Oued Djédi. Mais
la nouvelle de cette expédition les avait devancés.
Soit hasard, soit trahison, Mohammed ben Djellab
fut averti à temps. En conséquence, il adressa aux
deux chefs des émissaires fidèles qui déposèrent
entre leurs mains des cadeaux considérables en argent, afin de les déterminer à faire échouer les
projets du prétendant. En effet, les prétextes ne
manquèrent pas : on trouva que la saison avait été
mal choisie, que les soldats avaient besoin de repos
après un séjour de deux mois sous les palmiers; que
l'eau saumâtre du Sahra et les provisions avariées
par la chaleur n'avaient pas laissé que de les affai-
blir; qu'enfin, si l'on voulait être sûrs du succès, il
fallait remettre l'expédition à l'année suivante. Il
n'est pas prouvé que Ferhat ait connu l'intrigue.

Toutefois il leva ses tentes, la rage dans le cœur, et quitta son oncle. Un mois après, l'armée turque de retour à Constantine, prenait ses quartiers d'hiver au Barilo, sur la rive gauche du Rummel.

Ferhat ben Saïd commença à comprendre que la partie n'était point perdue, s'il trouvait le bey dans les mêmes sentiments. Alors il s'approcha de lui avec confiance; et, pour lui rappeler sa promesse d'une manière délicate, entra dans le *medjless* (salle de réception) du palais, revêtu du burnous d'investiture qu'il avait reçu de sa main l'année précédente. Ahmed-el-Mamelouk lui dit avec un geste bienveillant : « ma parole fait ta force. Dieu m'a entendu. » Quand la saison parut favorable, le bey fit déployer son étendard et se mit à la tête des troupes. Il laissa à Lichâna et à Tolga le khalifat Ahmed-chaouche avec l'arrière-garde; traversa le désert, ayant à ses côtés Ferhat et le cheikh-el-Ârab; et pénétra sans coup férir dans les oasis de Tuggurt. Mohammed ben Djellab avait bien songé à laisser l'armée ennemie s'épuiser par des luttes partielles devant chaque forêt de palmiers : mais il aima mieux la décourager par l'absence des obstacles pendant une marche de plusieurs semaines, et l'attendre avec ses sujets dévoués derrière les murs crénelés de sa capitale. Un édit du prince enjoignait, sous peine de mort, à tous les habitants des oasis, depuis Mraïer jusqu'à Mégarin, de quitter leurs foyers et de se réfugier à Tuggurt.

Quelque habile que fût cette tactique, elle n'em-

pêcha pas le bey de Constantine d'arriver à Mégarin, où il campa. Ses troupes n'avaient point
souffert. Le lendemain Ahmed-el-Mamelouk, pré-
cédé de ses chaouches et de sa musique militaire,
poussa une reconnaissance sous les murs de Tuggurt. Près de lui s'étaient groupés les principaux
officiers turcs, ainsi que les chefs des goums arabes.
Au moment où l'escorte passait en vue de la Casba,
un coup de feu partit de la ville et une balle siffla
en mourant dans le sable à quelques pas du Bey. On
apprit plus tard que celui qui avait déchargé son *chi-
chana* (1) (fusil cannelé à l'intérieur) sur le Bey était
Omar, fils de Mohammed ben Djellab.

Ahmed-el-Mamelouk continua l'examen des lieux
avec cette dignité qui caractérise les Turcs. Mais
une fois rentré au camp, il ordonna la dévastation
des jardins et offrit à ses soldats un *rial bacéta* pour
chaque palmier abattu. Le travail commença. Malgré l'insuffisance des instruments, il y avait plus de
deux cents arbres couchés sur le sable au moment
de l'*asr* (4 heures après midi). Ce que voyant, les
talebs sortirent des zaouias (2), en chantant *la ilâha*

(1) Ce mot n'est autre chose que l'altération des mots persans
chech, six, et *khaneh* (vulgairement *haneh* ou *hana*), maison.
On appelle chechkhaneh une carabine à six cannelures, que l'on
charge à balles forcées. Voy. Boré, *Correspondances et Mémoires
d'un voyageur en Orient*, t. II, p. 235.   C. D.

(2) On fera bien de consulter sur ces établissements d'instruction et de bienfaisance, l'intéressant ouvrage de MM. Daumas
et Fabar, *La Grande Kabylie*, p. 60-67. Cf. encore Peyssonnel,

illa allah (il n'y a de Dieu que Dieu). Ben Djari, le caïd-ed-dar de Mohammed ben Djellab, marchait en tête de la procession. C'était un homme qui brillait autant par son éloquence que par son esprit. Il avait fait ses études à Tunis. Sachant bien que les Turcs étaient en général peu sensibles aux prières des gens de mosquée, et qu'ils n'auraient que tout juste assez de compassion pour ne pas leur faire trancher la tête, il venait lui-même comme parlementaire. Le bey trouva son raisonnement péremptoire. « Ferhat ben Saïd t'a offert 50,000 *bacétas*; si tu remmènes ton armée, nous t'en payerons 100,000. » C'est ainsi que Tuggurt fut sauvé et que Mohammed ben Djellab recouvra la paix.

XXIII.

A sa mort, qui eut lieu en l'année 1237, le cheikh Omar, son fils, fut proclamé sultan. Il resta maître du pays pendant onze ans.

XXIV.

Ibrahim ben Djellab succéda à son frère Omar, au commencement de l'année 1248. C'est sous le règne de ce prince que fut bâtie la grande mosquée de Tuggurt, appelée Djama-el-Kebir. Les dalles dont elle est pavée et les colonnes qui en supportent la voûte sont en marbre de Tunis. Elles ont été amenées à grands frais, tirées sur le sable par un

qui écrit Zaunia (*Voyages dans les régences de Tunis et d'Alger,* publiés par M. Dureau de la Malle, t. I , p. 169 170). C. D.

long attelage d'hommes et de chameaux. Le prince actuel fait la prière du vendredi à Djama-el-Kebir. On dit que l'usage est de fermer les portes de la mosquée et celles de la ville pendant la cérémonie de l'office divin (1). Après un règne de deux ans, Ibrahim ben Djellab partit pour la terre sacrée du Hedjaz.

XXV.

Le pouvoir revint au cheikh Ali. On le salua sultan le 20 du mois divin de redjeb, l'an 1249 (de J. C. 1833). Sous son règne, un Italien vint à Tuggurt pour y fabriquer des canons. Il fondit beaucoup de cuivre sans résultat, et le cheikh Ali lui fit trancher la tête. La fille de cet Italien est devenue la femme de Ben Fetita, caïd du parasol du cheikh actuel.

(1) Cet usage est attesté par M. Marius Garcin, qui ajoute que « cela se pratiquait dans les autres villes d'Afrique; cette précaution traditionnelle est la conséquence d'une prédiction qui annonce que ce sera un vendredi et pendant que le sultan fera sa prière dans la mosquée, que les infidèles se rendront maîtres des vrais croyants; l'expérience a justifié cette appréhension lors de la prise de Constantine, le vendredi 13 octobre 1837. » Desfontaines atteste que tous les vendredis les portes de Tunis sont fermées depuis dix heures jusqu'à midi, parce qu'un des prophètes des Musulmans a prédit que ce même jour et à ces mêmes heures, les chrétiens s'empareraient de tout le pays. *Opus suprà laudatum*, t. II. p. 20, 21. Cf. Thomas Maggill, *Nouveau Voyage à Tunis*, p. 55, n. 2 et p. 91. Ibn-Batoutah nous apprend que le quartier occupé par les marchands chrétiens à Antaliah (Satalia) était entouré d'un mur, dont les portes étaient fermées extérieurement pendant la nuit et durant la prière du vendredi. Voy. les *Nouvelles Annales des Voyages*, N° de décembre 1850, p. 268.   C. D.

Avant l'expiration de l'année 1249, il y eut encore un changement dans la dynastie. Au mois de doul-kaada, le cheikh Ahmed Djellab, profitant du départ de son père pour le Hedjaz, reparut à T'uggurt.

XXVI.

Ahmed ben Djellab eut pour successeur Abd-er-Rahman, dont le beau-frère est Sidi-el-Hadj ben Beleouchâ. Je me réserve d'écrire l'histoire de ce prince dans un récit plus détaillé.

PARIS. — IMPRIMÉ PAR E. THUNOT ET Cᵒ,
26, RUE RACINE, PRÈS DE L'ODÉON.

* 9 7 8 2 0 1 2 8 6 9 2 8 8 *